DISCOURS

PRONONCÉ

A L'OCCASION DU 192ᵉ ANNIVERSAIRE DE L'HEUREUSE MORT

DE LA

VÉNÉRABLE MÈRE

MARIE DE L'INCARNATION

LE 30 AVRIL 1864

DANS L'ÉGLISE DES URSULINES DE QUÉBEC

PAR

M. L'ABBÉ ANT. RACINE

BLOIS

AU MONASTÈRE DES URSULINES

1870

DISCOURS

PRONONCÉ

A L'OCCASION DU 192ᵉ ANNIVERSAIRE DE L'HEUREUSE MORT

DE LA

VÉNÉRABLE MÈRE

MARIE DE L'INCARNATION

LE 30 AVRIL 1864

DANS L'ÉGLISE DES URSULINES DE QUÉBEC

PAR

M. L'ABBÉ ANT. RACINE

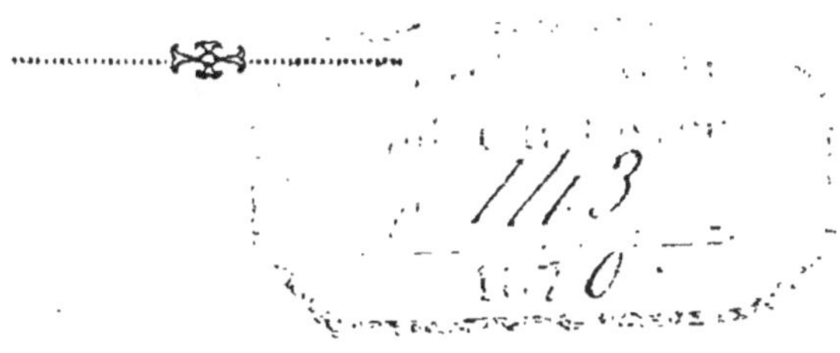

BLOIS

AU MONASTÈRE DES URSULINES

1870

AVANT-PROPOS

Il a été dit par l'Esprit de Dieu que la mort des saints *est précieuse aux yeux du Seigneur*, parce qu'en effet c'est l'instant solennel où l'âme qui s'est montrée fidèle durant le cours de la vie d'ici-bas aux grâces qu'elle a reçues, va recevoir la récompense éternelle de cette fidélité. Or l'Église pense en toutes choses comme l'Esprit-Saint, qui lui a été donné pour la vivifier jusqu'à la fin des siècles, et pour elle aussi la mort des saints est précieuse; elle est un jour de fête, parce que leur départ de ce monde est un triomphe et la prise de possession d'une gloire sans fin.

L'Apôtre veut que tous les vrais fidèles se pénètrent de ces sentiments, inspirés par Notre-Seigneur à son Église; il leur

recommande de ne pas s'affliger à la mort
de leurs proches, comme le font ceux qui
n'espèrent rien après cette vie. Pour les
chrétiens, ajoute-t-il, la mort est un sommeil qui sera suivi du réveil de la bienheureuse résurrection.

Or, si telle est l'impression produite
par la mort de tout fidèle qui sort de ce
monde avec les espérances que donnent
et le baptême qu'il a reçu, et la foi qu'il
a conservée, et la pratique ordinaire des
vertus chrétiennes, il est juste que le départ des âmes dont la sainteté a jeté durant toute leur vie un éclat extraordinaire,
ne soit pas simplement accompagné de
pensées consolantes, mais qu'il soit la
cause d'une grande joie pour ceux qui
ont été témoins de cette éminente vertu,
et qui se sentent comme embaumés de
son parfum.

Ce fut là ce qui arriva pour la Mère
Marie de l'Incarnation, fondatrice des
Ursulines de Québec, morte en odeur de
sainteté le 30 avril 1672. Elle avait donné

pendant sa vie une telle idée de sa vertu, que personne ne douta qu'elle ne fût entrée immédiatement dans l'éternité bienheureuse.

C'est pourquoi, tous les ans, au jour anniversaire de sa mort, on chante un *Te Deum* dans l'église du monastère qu'elle a fondé, et le clergé ainsi que la population entière de Québec s'associent à cette fête. Ce n'est pas un culte qu'on lui rend, puisque le Saint-Siége ne s'est pas prononcé sur les titres qu'elle peut avoir à être regardée comme bienheureuse; mais on agit avec un sentiment semblable à ceux de saint Augustin et de saint Louis, roi de France, qui, à la mort de leur mère, versèrent sans doute des larmes de regret et d'amour filial, mais remercièrent aussitôt la divine miséricorde pour les grâces insignes dont ces femmes véritablement héroïques avaient été comblées pendant leur vie.

De temps en temps, à cet anniversaire de la mort de la pieuse fondatrice, on prononce un panégyrique pour remettre sous les yeux et rappeler à la mémoire de tous les admirables vertus qui ont brillé en elle. Celui qui a été prononcé en 1864, par M. l'abbé Ant. Racine, a été particulièrement remarquable, et l'on nous a prié de le faire imprimer en un petit volume qui pût être répandu facilement, et contribuer à glorifier Dieu par l'exposé des vertus de sa servante.

Nous devions le mettre à la fin d'une *Vie abrégée* de la Mère Marie de l'Incarnation, à laquelle nous travaillons en ce moment, mais cette biographie ne pouvant être terminée que dans quelques mois, l'on nous a prié de faire paraître le Panégyrique en attendant.

Il nous semble utile néanmoins, pour l'intelligence plus complète du beau discours de M. l'abbé Racine, de donner une courte notice de la religieuse éminente qui en est l'objet.

Le premier jour d'août 1639, la vénérée Mère Marie de l'Incarnation, religieuse ursuline de Tours, arrivait à Québec pour y fonder un couvent de son ordre, de concert avec Mme de la Peltrie, jeune veuve âgée de 26 ans, qui avait résolu de consacrer toute sa fortune et de se dévouer elle-même à une œuvre dont les difficultés devaient paraître immenses à cette époque, mais dont les fruits devaient être incalculables. Elles étaient accompagnées de deux autres Ursulines, la Mère Saint-Joseph et la Mère Sainte-Croix, et d'une jeune personne encore séculière, Mlle Barré, qui avait voulu s'unir à leur zèle et partager leurs travaux. Le même vaisseau, parti de Dieppe au mois de mai, portait encore trois sœurs hospitalières, qui allaient fonder un Hôtel-Dieu à Québec.

Pour apprécier tout ce qu'il y avait d'héroïque dans une telle entreprise, il faut savoir qu'à l'époque dont nous parlons le Canada était presque uniquement peuplé de sauvages, tant les Européens qui avaient tenté de s'y établir étaient en petit nombre. Ce qui rendait surtout leur position critique, c'est qu'ils étaient presque complétement dénués de protection contre les peuplades féroces, qui les regardaient comme leurs plus redoutables ennemis. La Mère Marie de l'Incarnation écrivait en 1660, plus de vingt ans après : « Si la divine Providence n'empêchait pas « les sauvages de voir le peu de Fran- « çais qu'il y a au Canada, il y a long- « temps que nous serions tous détruits « par ces barbares. »

On ne pouvait recevoir que des personnes charitables de France les choses indispensables pour le vêtement, la nourriture, les constructions, etc., et ces secours ne pouvaient arriver que tous les six mois. Malgré cela, les religieuses étaient dans la nécessité de faire l'aumône et de donner des présents à ceux des sauvages qui venaient se faire instruire. Il leur fallait en outre nourrir et entretenir à leurs frais les enfants qu'elles recevaient pour les élever dans leur monastère.

Le lendemain de leur arrivée, ces généreuses missionnaires, pour lesquelles aucune habitation n'avait pu être préparée d'avance, se logèrent dans une partie d'un magasin situé à la basse ville, près de l'emplacement où est l'église actuelle, et aussitôt elles se mirent à instruire les jeunes filles françaises et celles des sauvages.

Après plus de trois ans de souffrances et de privations, bien adoucies toutefois par le zèle et le dévouement, elles purent s'installer dans leur couvent de la haute ville, maison toute de pierre, qu'elles avaient fait construire sur une longueur de quatre-vingt-douze pieds et une largeur de vingt-huit, avec trois étages. Elles étaient alors au nombre de cinq, sans compter Mme de la Peltrie et Mlle Barré, qu'animait un même zèle et un même esprit de sacrifice. Toutes eurent un vaste champ pour utiliser l'algonquin, le montagnais, le huron qu'elles avaient commencé à apprendre dès leur arrivée.

Comme à la basse ville, elles avaient des pensionnaires et des externes, sans compter les hommes et les femmes qu'il leur fallait instruire et nourrir à leurs parloirs. Elles continuèrent ainsi leur œuvre jusqu'au 31 décembre 1650, que leur monastère fut incendié et totalement détruit en quatre heures de temps.

A cette dernière époque, la Mère de l'Incarnation avait avec elle neuf autres religieuses. Il fallut de nouveau emprunter et solliciter des secours dans le pays et auprès des amis de France, pour rebâtir le couvent et réparer toutes les pertes de vêtements, de linge, de meubles, d'approvisionnements, etc.; car tout avait été dévoré par les flammes.

Au bout de dix-huit mois, le monastère nouveau était reconstruit sur les fondations du premier. Si le pain s'était multiplié entre les mains de la Mère Marie de l'Incarnation pour nourrir les sauvages, comme on avait eu occasion de le constater plus d'une fois, l'argent et les autres secours se multiplièrent également en cette circonstance pour payer les ouvriers.

Le travail de l'instruction, qui n'avait pas été entièrement abandonné, même au jour où l'on n'avait plus ni asile, ni pain, ni vêtements en quelque sorte, fut repris avec une nouvelle ardeur. Les Ursulines durent même apprendre une nouvelle langue, l'iroquois, pour profiter de toutes les occasions qui se présentaient de gagner des âmes à Dieu. Toutes les peuplades indigènes commençaient en effet à s'ébranler. L'héroïsme de ces femmes venues de si loin, sans aucune vue d'intérêt propre, remuait ces tribus sauvages et leur causait un indicible étonnement. Rien n'est plus intéressant que de lire dans *les Ursulines de Québec* (1) les récits des visites que les chefs des tribus faisaient de temps à autre au couvent. Ils étaient émerveillés de voir l'instruction des enfants de leur nation en matière de

(1) Histoire de ce monastère, en 3 vol. in-8°, imprimée à Québec de 1863 à 1866.

religion et leur connaissance de la lecture et de l'écriture.

Les progrès que faisaient dans la piété ces jeunes filles sauvages n'étaient pas moins remarquables, puisqu'on voit par les récits du temps que la Mère de l'Incarnation aurait pu en admettre huit ou neuf au noviciat, si l'on eût cru la chose prudente sous les autres rapports.

Les soins que les Ursulines donnaient aux enfants des sauvages ne les empêchaient pas de s'occuper également des jeunes filles françaises, dont les unes étaient pensionnaires, les autres externes; d'autres venaient simplement les dimanches et les jours de fêtes pour se faire instruire de leurs devoirs et des vérités de la religion. Neuf de celles qui reçurent ainsi l'instruction à cette première époque se rendirent plus remarquables encore par leur piété qu'elles ne l'étaient par leur naissance, et devinrent Ursulines.

La Mère Marie de l'Incarnation était l'âme de tout ce qui se faisait pour la gloire de Dieu, et elle le fut jusqu'à sa bienheureuse mort, arrivée, comme nous l'avons dit, le 30 avril 1672. Elle laissait une communauté composée de vingt religieuses. Mme de la Peltrie était morte six mois auparavant, aimée et respectée comme l'une des plus insignes bienfaitrices des Ursulines.

On voit que ces admirables femmes exercèrent leur apostolat durant trente-trois ans. Pendant un tiers de siècle elles vécurent de privations et de sacrifices, loin de leur pays natal, de leur famille, de leurs amis, au milieu de peuplades sauvages et barbares, toujours en alerte, ne sachant jamais si le peu de Français en qui se résumaient toutes les forces humaines sur lesquelles elles pouvaient compter, n'allaient pas être, d'un moment à l'autre, exterminés par des ennemis cinquante fois plus nombreux. Outre cela, la rigueur des saisons, le naufrage des vaisseaux qui leur apportaient les objets les plus indispensables, un incendie duquel elles ne purent s'échapper qu'à demi vêtues et qui consuma tout ce qu'elles possédaient, les firent passer par des épreuves auxquelles, humainement parlant, des hommes doués de la plus forte trempe de caractère n'auraient pas résisté.

Cependant elles n'eurent même pas la pensée de regarder en arrière. Bien loin de là, elles semblent puiser de nouvelles forces dans les tribulations, un nouveau courage dans ce qui était le plus de nature à les abattre. Comment concevoir un pareil mystère ? Il n'y a pas d'autre explication possible que celle-ci : une grâce prévenante de Dieu, qui choisit certaines âmes pour faire par elles des choses impossibles à la nature humaine, quelque parfaitement douée qu'elle puisse être ; une généreuse fidélité à ces grâces ; des grâces nouvelles, abondantes et miraculeuses qui récompensent cette fidélité. Or c'est là précisément ce qui caractérise la vie de la Mère Marie de l'Incarnation.

Dieu l'avait choisie de toute éternité

pour l'œuvre du Canada, et dès sa plus tendre enfance, peut-être même au jour de son baptême, il lui départit avec une abondance exceptionnelle les dons de son Esprit. Il s'empara de sa volonté dès le premier moment où elle eut un libre usage de sa raison, comme elle le raconte elle-même dans sa vie, et comme le rappelle son éloquent panégyriste.

Vingt ans après cette insigne faveur, il s'empare de son âme pour se l'unir d'une manière encore plus étroite et plus intime; il lui dit qu'il la prend pour son épouse.

Plus tard, il lui fit connaître dans une vision cette œuvre du Canada à laquelle il la destinait; et dans un grand nombre de circonstances il lui communiqua ainsi des grâces de choix, qui montrent la prédilection qu'il avait pour elle. On peut dire que sa vie est remplie de ces grâces prévenantes.

Ces faveurs néanmoins n'imposaient aucune nécessité de faire le bien à celle qui en était l'objet; elle eût pu y résister,

comme il arrive à bien d'autres ; elle eût
pu, par sa résistance, perdre une partie des
secours communs et ordinaires, et se prépa-
rer ainsi peu à peu une éternelle réproba-
tion. Mais elle fut fidèle à tout. Plus Dieu
se rendait prodigue à son égard, plus elle
se montrait généreuse. Bien loin que la
pensée lui vînt de se borner à une vertu
médiocre, qui aurait pu lui paraître suffi-
sante pour éviter la damnation, elle
s'élança avec ardeur dans les voies de la
plus haute perfection. Non contente d'assu-
rer son propre salut, elle résolut de gagner
à Dieu le plus d'âmes possible. Par des
prières ferventes et presque continuelles,
par des pénitences rigoureuses, des macé-
rations qui faisaient de son corps une victime continuellement immolée, par des
sacrifices de tout genre, elle achetait le
salut des âmes auxquelles elle s'intéressait.

Il y en avait une surtout qui lui était
chère, c'était celle de son fils. Malgré
la répugnance qu'elle avait toujours
éprouvée pour le mariage, subjuguée par

l'autorité de son père, et trop faible, à
dix-sept ans, pour opposer une résistance
énergique, elle avait consenti à se marier,
disant au reste à sa mère, comme par un
pressentiment prophétique : « Ma Mère,
« puisque c'est une résolution prise et
« que mon père le veut absolument, je
« me crois obligée d'obéir à sa volonté
« et à la vôtre; mais si Dieu me fait la
« grâce de me donner un fils, je lui
« promets dès à présent de le consacrer
« à son service; et si ensuite il me rend
« la liberté que je vais perdre, je lui
« promets de m'y consacrer moi-même. »
Deux ans après, elle avait un fils et elle
recouvrait la liberté qu'elle avait perdue.

Mais ce fils, pendant un certain nombre
d'années, laissait voir des dispositions
bien peu conformes aux désirs de sa
mère : voilà pourquoi elle ne cessait
d'adresser des prières au Ciel et de s'im-
poser des sacrifices pour lui obtenir enfin
la grâce de la vocation religieuse. Dieu ne
put résister à tant de larmes et à de si

ardents désirs. Le jeune Claude Martin devint un saint religieux bénédictin.

Elle obtint des grâces de conversion pour bien d'autres âmes à la sanctification desquelles elle s'intéressait. En général, elle avait un tel désir de glorifier Dieu par l'exercice du zèle apostolique, qu'elle s'offrait, dit Claude Martin, « comme une
« victime prête à souffrir toutes sortes
« de supplices, afin de presser le Père
« éternel de mettre son époux en posses-
« sion d'un héritage qui lui était dû à
« tant de titres. Outre le martyr continuel
« qui résultait de l'ardeur même de ce
« zèle, elle désirait être crucifiée, déchi-
« rée, brûlée, tourmentée pour une
« cause qui lui paraissait si juste. Et même
« la cruauté des tyrans lui semblant trop
« douce, et les peines qu'ils faisaient
« souffrir aux martyrs trop légères, *elle*
« *s'offrait pour souffrir jusqu'au jour*
« *du jugement universel les peines de*
« *l'enfer et la cruauté des démons, en*
« *conservant la grâce et l'amour de*

« *Dieu*, pour obtenir de ce divin Père
« une chose en comparaison de laquelle
« aucun sacrifice ne pouvait être mis. »

On comprend qu'une âme qui corres-
pondait de la sorte à l'action de la grâce
en elle, se trouvât tellement remplie de
l'Esprit de Dieu, qu'elle parût plutôt
appartenir au ciel qu'à la terre. Telle
était en effet cette admirable femme, dont
la population entière du Canada conser-
vera à jamais le précieux souvenir, et
dont elle aime à entendre exalter les
héroïques vertus. C'est pour répondre à ce
pieux sentiment des fidèles de Québec, et
surtout des religieuses qui continuent
l'œuvre fondée par la Mère Marie de l'Incarnation, que M. l'abbé Racine a fait
entendre le panégyrique suivant dans
l'église des Ursulines, le 30 avril 1864.

Ce beau discours, imprimé à la fin du
tome III de l'*Histoire des Ursulines de
Québec*, est précédé de l'*avis* suivant :

« Dans le premier tome de cette His-
« toire, nous avons mentionné l'usage

« touchant, qui existe au Monastère, de
« chanter un *Te Deum* au jour anniver-
« saire de la mort de notre Vén. Mère
« Marie de l'Incarnation. La confiance
« dans la sainteté de cette grande ser-
« vante de Dieu augmente tous les jours
« parmi la population de la ville de
« Québec et des environs; sans cesse l'on
« demande à la Communauté de faire
« des neuvaines soit pour la conversion
« des pécheurs, soit pour la guérison des
« malades, etc. Espérons qu'un jour la
« voix du Père des fidèles donnera à tant
« de faits merveilleux toute l'authenticité
« qu'ils méritent, et que nous pourrons
« appeler Sainte cette humble fille de
« sainte Angèle. »

Cet espoir semble bien plus près de se
réaliser depuis que les procès-verbaux de
ces faits merveilleux dont parle l'historien
ont été mis, par ordre du Saint-Père, entre
les mains des Éminentissimes Cardinaux
et des prélats qui composent la S. Con-
grégation des Rites.

DISCOURS

PRONONCÉ

A L'OCCASION DU 192ᵉ ANNIVERSAIRE DE L'HEUREUSE MORT

DE LA

VÉNÉRABLE MÈRE

MARIE DE L'INCARNATION

> Audi, filia, et vide, et inclina aurem tuam, et obliviscere populum tuum, et domum patris tui. Et concupiscet Rex decorem tuum.
>
> Écoutez, ma fille, ouvrez vos yeux et ayez l'oreille attentive à ma parole ; oubliez votre parenté et la maison de votre père. Le Roi du ciel sera épris de votre beauté.
> (Ps. 44. ℣. 12, 13.)

Lorsque Dieu veut fonder un peuple destiné à quelque chose de grand et de glorieux, il emploie pour accomplir ses desseins des matériaux choisis, des pierres d'élite travaillées avec soin ; il se choisit des âmes fortes, saintes, polies par la tribulation, qui sont autant de colonnes sur lesquelles doit reposer l'édifice.

Pendant que les Missionnaires du Canada, ces intrépides soldats de Jésus-Christ, évangélisaient les nations sauvages au milieu des privations, des dangers et des difficultés de toute nature, pour les seconder dans leurs conquêtes religieuses et pacifiques, et pour la sanctification du peuple canadien, Dieu, dont la miséricorde est infinie, envoyait une femme, d'une vie si sainte et si apostolique, que toute la Nouvelle-France en a été embaumée.

Ai-je besoin, dans le lieu où je parle, de nommer cette femme vraiment illustre, grande dans toute sa vie, revêtue de force et de beauté (1), qui a mis la main à de grandes entreprises (2), et dont le portrait semble tracé par nos livres saints? En sa personne se résume une des plus glorieuses pages de notre patrie. Qu'elle est agréable à Dieu dans sa génération! Que de clartés naissent dans la production de

(1) Prov. 31, 25.
(2) Prov. 31, 19.

ses enfants ! Sa mémoire est immortelle : elle est en honneur devant Dieu et devant les hommes (1).

Je ne puis faire un plus juste éloge de la Vénérable Mère Marie Guyart de l'Incarnation, fondatrice et première supérieure de votre monastère, qu'en vous la représentant comme cette femme forte dont parle Salomon, plus rare et plus précieuse que les perles qu'on apporte des extrémités du monde (2), qui a ouvert sa main à l'indigent, qui a étendu ses bras vers le pauvre (3), du nombre de celles qui ont compris qu'il n'y a point d'autre règle de prudence que de mettre en pratique les préceptes et les conseils de l'Évangile (4); puis comme appelée de Dieu à une espèce d'apostolat, prêchant Dieu dans son monastère des Ursulines de Québec, le faisant connaître aux sau-

(1) Sag. 4, 1.
(2) Sag. 31, 10.
(3) Sag. 31, 20.
(4) *Office des vierges*

vages du Canada, devenant ainsi la coopératrice du zèle et des travaux des Missionnaires, et partageant avec eux cette gloire d'appeler les hommes à la perfection de l'Évangile.

En deux mots, sa vie a été toute sainte et tout apostolique. Ainsi je vous ferai voir Marie de l'Incarnation dans le monde et dans sa cellule, étudiant Jésus, comblée de ses grâces, douée de la science des saints, toujours disposée, par amour pour Dieu, à être victime, et remplie d'un zèle apostolique pour la sanctification des âmes et la conversion des infidèles.

I

Dans la vieille cité de Tours, sous un des plus beaux ciels de la France, naissait, à la fin du seizième siècle, une enfant qui fut appelée Marie à son baptême, et qui, dans le cours d'une vie humble et cachée aux regards des hommes, a acquis

une gloire immortelle (1). Dès son enfance elle fut comblée des bénédictions
de Dieu (2).

Dieu veut-il élever dès ce monde une
personne à un éminent degré de perfection, il lui fait sensiblement connaître son
grand dessein, par les grâces dont il l'en-
richit, par les faveurs qu'il lui prodigue.
« Je n'étais âgée que de sept ans, lors-
« qu'une nuit, en mon sommeil, ayant
« levé les yeux vers le ciel, je le vis ou-
« vert, et Jésus-Christ qui venait à moi.
« Alors le plus beau des enfants des
« hommes, avec un visage plein de dou-
« ceur , m'embrassant amoureusement,
« me dit : Voulez-vous être à moi ? — Oui,
« lui dis-je, je le veux (3). » De ce moment décisif pour Marie, son âme s'at-
tache inviolablement à son Jésus; elle
n'aime, elle ne recherche que lui, et Jésus,
par une espèce de retour, est tout à elle

(1) Marie Guyart naquit à Tours, le 28 oct. 1599.
(2) Ps. 10.
(3) Lettre de Marie de l'Incarnation.

par les communications les plus intimes dont il ait jamais gratifié les âmes les plus saintes. Elle peut dire avec l'épouse des Cantiques : Mon bien-aimé est tout à moi, et je suis toute à lui (1); je suis à mon bien-aimé, et la pente de son cœur est tournée vers moi (2); il m'a ornée et enrichie de ses dons comme son épouse (3).

Dès son enfance, elle montra ce qu'elle serait dans la suite. Comme sainte Thérèse, elle aimait à se cacher dans les lieux les plus retirés, à prier dans les églises les moins fréquentées pour entrer en communication plus intime avec le Dieu de son âme. Elle conçut dès lors un extrême amour pour la pureté; tout son désir était de se consacrer à Dieu. Elle communiqua son dessein à sa mère; mais pour obéir à ses parents, elle crut devoir, malgré son extrême répugnance, s'engager

(1) Cant. I.
(2) Cant. VII. 10.
(3) Isaï. 6.

dans le monde. « Elle déclara que si
« Dieu lui donnait un fils, elle le con-
« sacrerait à son service, et qu'elle-même,
« si dans la suite elle recouvrait la liberté
« qu'elle allait perdre, elle n'aurait plus
« d'autre époux que le Seigneur (1). »
Avec quelle fidélité elle remplissait les
devoirs de son état? Qui pourrait dire
son héroïque patience, son humilité, son
assiduité à la prière, à entendre la parole
de Dieu, la force qu'elle puisait dans la
sainte communion pour supporter ses
épreuves?

A l'âge de dix-neuf ans, libre et déga-
gée de ses liens, quoique la mort de son
mari lui eût été fort sensible et que ses
peines fussent excessives, Dieu la revêtit
d'une force et d'un courage qui la rendit
supérieure à tout. Elle commença à ne
vivre que de Jésus crucifié. La méditation
des souffrances de son Jésus, la vue de
son crucifix lui inspiraient un si grand
amour des souffrances, un courage si

____

(1) Lettre de Marie de l'Incarnation.

extraordinaire, et une si exacte fidélité à correspondre aux grâces du ciel, que son esprit, comme elle le disait elle-même, était emporté en lui, et que son cœur ne pouvait plus souffrir que des impressions de cet amour. Elle pouvait dire avec l'apôtre saint Paul : « Le monde m'est crucifié, et je suis crucifié au monde (1). » La veille de l'Incarnation, dans une extase, elle se vit comme toute plongée dans du sang, et son esprit eut une conviction que ce sang était celui du Fils de Dieu, répandu pour son salut. Son âme recevait sans cesse de nouvelles lumières : « Dieu
« lui fit connaître un jour la pureté qu'il
« faut avoir pour s'unir vraiment à lui,
« et l'Esprit de grâce qui la conduisait
« lui faisait cacher tous ses talents, afin
« qu'elle demeurât obscure, comme une
« pauvre créature qui ne savait rien, et
« n'était capable de rien que d'être la
« servante des serviteurs (2). » Avec

(1) Galat. 6, 14.
(2) Lettre de Marie de l'Incarnation.

quelle charité, pour soulager sa sœur en-
gagée dans un grand commerce, elle sa-
crifie son repos, se soumet en silence aux
duretés non-seulement des maîtres, mais
des serviteurs même qui la traitent avec
une extrême hauteur! Dans les fonctions
les plus humiliantes, dans les services les
plus bas qu'elle rendait aux domestiques
dans leurs maladies, elle goûtait une joie
si grande, elle aimait tant cette abjection
que toute sa crainte était que Dieu ne la
tirât de cet abaissement. Cependant Dieu
ne voulut pas la laisser plus longtemps
dans cet état d'humiliation; son père et
sa sœur reconnurent leurs torts à l'égard
d'une personne qui les touchait de si près;
ils lui donnèrent la direction de toutes
leurs affaires. « Tout cela, dit-elle, ne me
« détournait pas de Dieu, mais plutôt je
« m'y sentais fortifiée, parce que tout
« cela était pour la charité et non pour
« mon profit particulier. Quand j'étais
« surchargée d'affaires, je m'adressais à
« Jésus, mon refuge ordinaire, et ma

« confiance en lui me rendait tout fa-
« cile (1). » Comme la femme forte dont
parle Salomon, elle a ceint ses reins de
force, et elle a affermi son bras (2). Oh!
qu'il est beau de la contempler au milieu
de cette multitude d'ouvriers et de domestiques, les conduisant tous avec humilité,
douceur et charité. La sagesse et la bonté
éclatent dans toutes ses œuvres; aussi
tous la bénissent, parce que la crainte de
Dieu est dans son cœur, et la clémence
sur ses lèvres (3).

Une humilité solide, une pureté de
cœur incroyable, et la plus parfaite abné-
gation : tels furent les fondements de
l'édifice de la perfection qu'elle devait
élever si haut. C'est alors que Dieu, toujours admirable dans ses saints, opéra en
elle ce miracle de son immense libéra-
lité, la divinisa en quelque sorte par le
don d'oraison, la transforma en lui par

(1) Lettre de Marie de l'Incarnation.
(2) Prov. 31, 17.
(3) Prov. 31, 26, 30.

la grâce de sa divine présence et par l'af-
fluence des dons célestes. Qui croirait, si
l'on n'en avait déjà des exemples dans
une sainte Catherine, vierge et martyre,
dans une sainte Catherine de Sienne et
dans une sainte Thérèse, qui croirait que
le Fils de Dieu, la splendeur du Père, la
sainteté infinie, lui promit, comme preuve
sensible de son affection, de la prendre
pour son épouse? « Un jour qu'elle s'en-
« tretenait familièrement avec Notre-
« Seigneur, et que son cœur était dans
« un mouvement de tendance à ce bon-
« heur, qu'elle ne pouvait comprendre,
« J.-C. lui dit distinctement ces paroles :
« Je te rendrai mon épouse par une foi
« inviolable, je te rendrai mon épouse
« pour toujours (1). » Dans ces admirables communications, dans cette union
si intime, Jésus lui faisait connaître les
grands et infinis trésors que renferment
la pauvreté, la chasteté et l'obéissance.
Elle en était si ravie et si charmée

(2) Osée. 2, 9.

qu'elle s'écriait : « Ah ! mon Dieu, il faut
« que toute parole et toute conception
« cesse, car il n'est point de langue qui
« puisse dire, ni d'esprit qui puisse pen-
« ser ce qui était communiqué à mon
« âme de cette glorieuse et magnifique
« pauvreté d'esprit, et des deux autres
« vertus qui en sont inséparables (1). »

Dieu est toujours avec ses saints, et sa
providence les suit dans toutes leurs
voies. S'il permet qu'ils soient assaillis et
battus des plus violents orages, exposés
aux plus terribles tentations, affligés et
comme accablés des misères de cette vie,
il ne les oublie pas dans leurs tribulations ; il les soutient et les éclaire. S'il
permet au démon de troubler la paix de
l'âme de la Vénérable Marie de l'Incarnation, de l'attaquer de tous côtés, c'est
pour éprouver son amour et lui fournir
l'occasion de lui marquer sa constance.
Ces combats font son mérite ; du haut du
ciel, Dieu les contemple avec joie ; il est

(1) Lettre de Marie de l'Incarnation.

avec elle dans la tribulation, et à ces épreuves si pénibles il fera succéder des faveurs encore plus extraordinaires.

Dans la vingt-septième année de son âge, elle reçut une des plus sublimes faveurs que puisse recevoir sur la terre une âme qui aime son Dieu. Un jour que son esprit était absorbé en Dieu par un attrait extraordinairement puissant, « Jésus s'empara de son âme, l'embrassa avec un amour inexplicable, l'unit à lui, et la prit pour son épouse (1). » Ah! qui peut comprendre ce mystère de l'amour d'un Dieu pour sa créature? Quelles flammes célestes consument le cœur uni au cœur divin de Jésus! Heureuse l'âme qui demeure en Jésus, qui possède Jésus, qui ne vit que pour Jésus! Heureuse mille fois celle à qui il fut donné de vivre habituellement avec ce maître divin! Quels ravissements! Qu'ils sont divins les embrassements de Dieu! Quel feu inconnu embrase son cœur! Le feu de l'amour dévore sa

____

(1) Lettre de Marie de l'Incarnation.

vie. O divin Époux! tempérez vos ardeurs, éteignez ces flammes! « O mon Amour! « je n'en puis plus : ou laissez-moi un « peu respirer, ou ôtez-moi la vie, car « vos amours me font souffrir ce qu'une « âme enfermée dans la prison de son « corps ne peut supporter (1). »

La conversation des saints est dans le ciel, et de trois manières, dit saint Thomas : par contemplation, par affection, et par opération. Ils conversent dans le ciel par contemplation, parce que, détournant leurs regards des choses visibles et terrestres, ils ne contemplent que les biens invisibles et éternels. Ils conversent dans le ciel par affection : parce que leur cœur ne désire que les biens surnaturels. Ils conversent dans le ciel par opération; toute leur vie est une expression de Jésus-Christ, et ils peuvent dire avec saint Paul : Comme nous avons porté l'image de l'homme terrestre, nous

____

(1) Lettre de Marie de l'Incarnation.

porterons aussi l'image de l'homme céleste (1).

Ainsi conversait dans le ciel la Vénérable Marie de l'Incarnation; intimement
unie à son Dieu, elle ne se contentait pas
d'observer ses préceptes, elle suivait ses
conseils, elle ne recherchait dans ses
sentiments et dans toutes ses actions que
le plaisir de sa souveraine bonté. Cependant Dieu lui avait inspiré un état plus
parfait (2). Pour obéir à cette voix inté-
rieure qu'elle suivait en toutes choses, elle
résolut de quitter le monde et d'entrer
aux Ursulines. De quel œil le monde
regarda-t-il sa résolution de suivre l'inspiration du Saint-Esprit, de vivre sur la
terre et dans un corps de chair comme
les Anges vivent dans le Ciel ? La sagesse
humaine ne comprend pas la joie d'une âme
qui quitte tout pour plaire au Seigneur,
qui écoute la voix de Dieu, qui se dépouille
de tout pour contracter l'alliance la plus

(1) I. Cor. 15, 49.
(2) I. Cor. 12.

étroite et la plus délicieuse avec l'Époux céleste.

Le monde toujours malin et dur murmura contre sa résolution : tous ses parents et tous ses amis employèrent, pour la retenir dans le siècle, les sollicitations les plus pressantes, les reproches les plus sensibles : Vous êtes une femme imprudente, une mère dénaturée; quoi ! vous oubliez ainsi votre enfant ! Vous abandonnez cet orphelin à l'âge où il a le plus besoin de votre vigilance ! Vous êtes-vous mise en peine de lui procurer de quoi vivre honorablement et de le faire instruire ? Ah! que son cœur bon et sensible était déchiré par les cris et les lamentations que son enfant faisait entendre à travers la grille du monastère de Tours : « Rendez-moi ma mère, rendez-moi ma mère! » Et son vieux père inconsolable lui disait dans sa douleur : « Je mourrai si vous persistez à entrer au monastère des Ursulines. »

A ce langage du monde, Dieu répondait par ces paroles : « Qui aime son père et sa mère plus que moi n'est pas digne de moi ; qui aime son fils ou sa fille plus que moi n'est pas digne de moi (1). Écoutez, ma fille, voyez et prêtez l'oreille, oubliez votre peuple et la maison de votre père. Le Roi sera épris de votre beauté, car il est le Seigneur votre Dieu (2). » Rien ne put ébranler cette âme forte et généreuse. « Mon enfant, dit la « mère à son fils, je vous laisse entre les « mains de Dieu ; mais celui que j'ai « choisi pour mon héritage sera aussi le « vôtre. Vous n'avez plus de mère ici- « bas, mais dans le ciel vous en avez « une qui vous dédommagera bien de la « perte que vous allez faire (3). » Est-ce assez d'épreuves ? Non, mes Sœurs, toutes les puissances de l'enfer semblent conjurées contre elle. Au noviciat, elle est attaquée par les plus violentes tentations

(1) Math. X, 37.
(2) Ps. 44.
(3) Lettre de Marie de l'Incarnation.

de blasphème, d'impureté, d'orgueil, d'infidélité, de désespoir. Ah! qui peut dire ce qui se passait dans son cœur tout embrasé d'amour pour son Dieu? L'épreuve, c'est la voie que Dieu choisit pour la conduire à la plus haute sainteté; il lui donne de grands combats à soutenir pour lui faire remporter de grandes victoires (1). Mais s'il plut à Dieu de la plonger dans un abîme d'afflictions et d'amertumes, il la plongea, pour ainsi dire, dans un océan de consolations et de délices; et elle put dire avec le saint roi David : « Vous m'avez consolée autant « que vous m'avez affligée, et les joies « que vous avez répandues dans mon « âme ont été dans la même mesure « que les peines et les tribulations dont « vous m'avez éprouvée (2). »

La fervente novice, par amour pour Notre-Seigneur Jésus-Christ, avait mé-

(1) Sap. 10.

(2) Lettre de Marie de l'Incarnation.

prisé les séduisants attraits du monde (1),
elle reçut en échange les richesses immenses de la grâce du Sauveur. La très-
sainte Trinité s'emparait de son âme
comme d'une chose qui lui était propre ;
elle reçut dans un degré fort éminent
l'intelligence de la sainte Écriture ; « et
« toutes les puissances de son âme étaient
« tellement plongées dans un océan d'a-
« mour, qu'elle n'en sortait point, non
« plus qu'une personne qui serait abîmée
« dans le fond de la mer (2). » Sa pro-
fession fut pour elle comme un second
baptême ; elle prit le nom de Marie de
l'Incarnation ; elle eut l'honneur d'être du
nombre des vierges consacrées à Dieu
que saint Cyprien appelle la plus belle et
la plus pure fleur de l'Église.

La Sagesse infinie, qui se plaît à confondre la fausse sagesse du siècle, voulant
se servir de la Vénérable Marie de l'Incarnation comme d'un instrument de

(1) *Office de sainte Agnès.*
(2) Lettre de Marie de l'Incarnation.

miséricorde en faveur du Canada, lui fit bientôt connaître qu'il l'appelait « à ce « grand et vaste pays, plein de mon- « tagnes et de vallées, et tout couvert de « brouillards épais, excepté une petite « maison qui servait d'église dans tout « le pays (1). » Les relations des Apôtres du pays des Hurons, celles du P. Le Jeune, supérieur de la Résidence de Québec, se répandaient en France, et en-flammaient d'ardeur un grand nombre d'âmes qui voulaient travailler à la con-version des pauvres sauvages. « Hélas! « mon Dieu! si les excès et les super- « fluités de quelques dames de France « s'employaient à cet œuvre si saint, « quelle grande bénédiction feraient-elles « fondre sur leurs familles! Se peut-il « faire que les biens de la terre nous « touchent de plus près que la propre « vie?... Ne se trouve-t-il point quelque « âme sainte qui veuille recueillir le sang

____

(1) Lettre de Marie de l'Incarnation.

« du Fils de Dieu, pour le salut des
« pauvres sauvages (1)? »

A Alençon, une jeune femme de con-
dition, douée des dons de la fortune, et
plus encore des inclinations les plus nobles et les plus heureuses, comprit, dès
l'âge le plus tendre, que Dieu voulait seul
posséder son cœur. Libre de se donner à
lui par la mort de son époux et de son
enfant, d'une extrême tendresse pour les
malheureux, Mme de la Peltrie se sentait
emportée en esprit dans les pays les plus
lointains pour y contribuer au salut des
âmes. Les paroles du P. Le Jeune firent
sur elle une si forte impression, qu'elle
résolut de donner tous ses biens pour le
salut éternel des filles sauvages. Le jour
de la Visitation, Notre-Seigneur Jésus-
Christ lui fit connaître son dessein sur
elle : « Je veux me servir de vous en ce
« pays-là ; et malgré les obstacles qui
« s'opposeront à l'exécution de mes or-
« dres; vous irez en Canada, et vous y

(1) Relation de 1635.

« mourrez (1). » En vain le démon met-il tout en œuvre pour empêcher la Mère de l'Incarnation et Mme de la Peltrie de bâtir en Canada une maison où Dieu fût glorifié avec Jésus et Marie. Dieu se rit des obstacles ; le démon est vaincu : les desseins de Dieu sur le Canada vont s'accomplir. Quelles actions de grâces ne vous devons-nous pas, ô divine Providence! ô bonté infinie! qui avez inspiré à Marie de l'Incarnation et à Mme de la Peltrie la charité qui bannit la crainte et qui opère des miracles ; qui avez rempli du zèle du salut des âmes ces nobles et saintes femmes qui, pour la gloire de votre Église, sacrifient leurs intérêts, leurs personnes, leurs vies!

Allez donc, saintes âmes ; partez, Anges de Dieu ; quittez cette France que vous aimez ; oubliez votre peuple : voici un pays barbare, plongé dans les ténèbres de de l'infidélité ; il vous appelle, il vous tend les bras ; Dieu le donne à votre charité.

(1) Lettre de Marie de l'Incarnation.

« Soyez les pierres fondamentales de l'édi-
« fice que vous voulez élever dans le
« Nouveau Monde en l'honneur de Jésus
« et de Marie. Soyez-y comme des pierres
« précieuses, semblables à celles des fon-
« dements de la Jérusalem céleste. Que
« ce temple soit à jamais un lieu de
« paix, de bénédictions et de grâces, plus
« fécond que ne le fut celui de Salomon.
« Que les portes de l'enfer ne prévalent
« point contre lui, et ne lui puissent
« jamais nuire, non plus qu'à celui de
« Pierre. Que Dieu y habite comme père et
« comme époux, jusqu'à la consomma-
« tion des siècles (1). »

Grandes paroles, pleines d'un sens admirable et prophétique! Elles recevront,
par la grâce de Dieu, leur entier accom-
plissement. Le regard du saint archevêque de Tours, en se plongeant dans
l'avenir, voyait déjà, par les prières et les
expiations de ces âmes saintes, les béné-

______

(1) Paroles de Mgr Deschau, archevêque de Tours,
à la Vén. M. Marie de l'Incarnation.

dictions de Dieu se répandre avec abondance sur le peuple du Canada. Ah! ne
perdons jamais le souvenir des miséricordes du Seigneur sur notre patrie! Il a
aimé nos pères d'un amour de prédilection; il leur a donné, dans la personne
des Vierges consacrées à son service, des
protecteurs puissants. « Il a placé des
« sentinelles sur les murs de nos villes;
« elles ne se tairont jamais ni le jour ni
« la nuit (1). » Sans cesse elles élèveront
leurs mains suppliantes vers le ciel pour
le fléchir et détourner ses fléaux; elles
conjureront Jésus-Christ de protéger son
peuple, et, par leur vie toute de sacrifices,
elles attireront sur lui les bénédictions
célestes.

Pour vous, mes Sœurs, ne vous con-
tentez pas d'admirer, dans votre Mère,
fondatrice et première supérieure de
votre monastère, la conduite impéné-
trable des jugements de Dieu dans l'opération de sa grâce; profitez de l'exemple

(1) Isaïe, 42. 6.

des vertus qu'elle vous donne. Que la vie humble et sainte de votre mère allume dans vos âmes un feu qui les rende plus pures et plus agréables à Dieu; que l'Esprit de sainteté, qui l'a dirigée dans toutes ses actions, repose sur vous, vous anime et vous dirige dans toutes vos voies; que votre demeure soit le Ciel, et votre société, la société des Anges.

II.

Ne refusons pas à la Vénérable Marie de l'Incarnation la gloire de l'apostolat. Le grand intérêt qu'elle a pris à la prédication de l'Évangile par les premiers Apôtres de notre patrie, la part qu'elle a eue dans l'établissement de cette Église naissante et dans les triomphes de la foi, nous permettent d'appeler sa vie apostolique. La prière et l'expiation volontaire sont des moyens des plus puissants que Dieu nous ait donnés pour répandre par-

tout la bonne odeur de l'Évangile. « Des
« intelligences aveuglées par la vaine sa-
« gesse du siècle ne comprennent guère
« comment des hommes faibles ou de
« timides femmes, pleurant et priant au
« fond d'un cloître, peuvent ainsi contri-
« buer à l'extension de l'Évangile. Mais
« ceux qui savent tout ce que pèse dans
« la balance divine l'ardente aspiration
« d'un cœur pur, ne s'étonneront pas
« sans doute. S'il faut chercher pour
« trouver, il faut aussi demander pour
« obtenir, et le Ciel veut que les suppli-
« cations des âmes justes lui fassent,
« suivant l'expression de Tertullien, une
« sainte violence. Lorsque Aaron, à la
« tête des guerriers d'Israël, combattait
« dans la plaine avec la hache et l'épée
« les enfants d'Amalec, Moïse, debout sur
« la montagne, tenait ses bras levés vers
« le Ciel et obtenait ainsi la victoire du
« Dieu des armées. La prière et l'action
« marchent toujours ensemble dans l'œu-
« vre du catholicisme, et, pour ne citer

« qu'un exemple, le Seigneur a révélé à
« un de ses serviteurs que les larmes et
« les prières de Thérèse de Jésus avaient
« converti autant d'idolâtres que l'hé-
« roïque apostolat du grand François-
« Xavier (1). » Tout ce qui se fait de bien
dans l'Église, et même par les pasteurs, se
fait, dit saint Augustin, par les secrets
gémissements de ces colombes innocentes
qui sont répandues par toute la terre (2).
Saint Antoine, rencontrant dans le désert
le jeune Hilarion, le salua en lui disant :
« Sois le bienvenu, toi qui brilles comme
« l'étoile du matin. » Le disciple répon-
dit au patriarche : « La paix soit avec
« vous, qui soutenez l'univers comme une
« colonne. » Oui, c'est le propre de Dieu
de se servir des instruments les plus faibles
pour éclairer les peuples et les soutenir
par la prière, et c'est le mystère que saint
Paul a voulu nous faire connaître lorsqu'il
a dit : Dieu a choisi ce qu'il y avait de

(1) L'abbé J. A. de Grenade, *Saint Bernard.*
(2) De Bapt. Liv. III.

plus faible dans le monde pour confondre les forts (1). La prière du juste est plus forte que les complots les plus puissants et les plus pervers; elle est le meilleur et le plus solide rempart des peuples. C'est dans les monastères, où la prière et la pénitence ne défaillent jamais, que l'Église trouve, comme dans des citadelles spirituelles, ses plus vaillants défenseurs, une milice toujours exercée.

Dans les desseins de l'adorable Providence, tout chrétien est appelé à accomplir une sorte d'apostolat. Aussi le Saint-Esprit nous dit-il que Dieu a confié à chacun le soin de son prochain (2). Mais comment celui qui n'est pas chargé de la prédication de l'Évangile, de l'administration des sacrements, peut-il concourir au salut de ses frères? Par une vie sainte, par la prière, par les expiations volontaires, par la fermeté de la foi. Quel n'é-

(1) I. Cor. I.
(2) Unicuique mandavit Deus de proximo suo. Eccli. 17, 11.

tait pas le zèle ardent de Marie de l'Incarnation pour tout ce qui concernait la gloire de Dieu et son culte, pour la réformation et la pureté des mœurs et surtout pour le salut des idolâtres? Comme « David, le zèle de la maison de Dieu la « dévorait, et lui faisait regarder toutes « les injures faites à Dieu comme des « outrages faits à elle-même (1). » Il y avait longtemps que son esprit tout apostolique se promenait dans les vastes forêts du Canada, où des âmes raisonnables, rachetées du sang de Jésus-Christ, gémissaient dans la dure et honteuse servitude du démon. « Dès mon enfance, il semble que « Dieu me disposait à la grâce que je « possède; car j'avais plus l'esprit dans « les pays éloignés, pour y considérer les « généreuses actions de ceux qui y travaillaient et enduraient pour Jésus-« Christ, que dans le lieu où j'habitais· « Mon cœur se sentait uni aux âmes

____

(1) Zelus domus tuæ comedit me, et opprobria exprobrantium tibi ceciderunt super me. Ps. 68.

« apostoliques d'une manière tout extra-
« ordinaire (1). » Aussi, qui pourrait dire
la joie de son cœur d'apôtre à la vue de
la terre du Canada, l'unique objet de ses
vœux ? Elle l'embrasse avec amour, elle
rend grâces à Dieu, elle lui promet de
consommer sa vie à son service et au salut
des pauvres sauvages.

Que va faire notre sainte sur le nouveau
théâtre de son zèle ? Crucifiée avec son
Jésus, elle s'abandonne à lui sans réserve
pour tout souffrir. L'apôtre saint Paul disait autrefois aux infidèles qu'il avait en-
fantés à Jésus-Christ par la prédication
de l'Évangile : « A Dieu ne plaise que je
« me glorifie en autre chose qu'en la croix
« de Notre-Seigneur Jésus-Christ (2) ! »
La première supérieure des Ursulines de
Québec pouvait tenir le même langage
que l'apôtre, elle dont le cœur était pé-
nétré de Jésus, uni à son Sauveur par une
méditation journalière de ses souffrances.

(1) Lettre de Marie de l'Incarnation.
(2) Galat. 6, 14.

C'est cette union à Jésus crucifié qui la remplissait de zèle pour le salut des âmes. A l'exemple de l'Apôtre, « elle endure « tout pour l'amour des élus, afin qu'ils « acquièrent aussi le salut qui est en « Jésus-Christ, avec la gloire du Ciel (1). » Si l'esprit de sainte Scholastique est un esprit de retraite; si celui de sainte Thérèse est un esprit d'oraison et d'union continuelle avec Dieu; si celui de sainte Angèle Mérici est un esprit de charité pour le prochain, celui de la Vénérable Mère Marie de l'Incarnation n'est-il pas un esprit de zèle pour le salut des âmes, un esprit tout apostolique? Voyez-la, au milieu d'une grande troupe de femmes et de filles sauvages, leur annonçant du matin au soir, le Royaume de son céleste époux! De vaillants capitaines se jettent à ses genoux, et la prient de leur apprendre à prier Dieu; de jeunes filles sauvages se mettent sous sa direction, et elles sont si dociles, si ferventes, après

(1) Tim. II. 10.

leur baptême, elles conservent une si grande pureté d'âme, qu'on ne dirait pas qu'elles sont nées dans la barbarie. Ah! que son cœur tressaille de joie d'entendre les sauvages mêmes prêcher la loi de Jésus-Christ! Qu'elle remercie son Dieu de l'avoir envoyée dans un pays barbare pour apprendre aux jeunes filles le chemin du Ciel! Qu'elle est heureuse d'être associée aux ouvriers de l'Évangile, et de travailler avec eux à étendre le royaume de Jésus-Christ! Ah! qu'elles sont grandes à son égard les miséricordes de son aimable Époux! « Nous nous voyons ici « dans une espèce de nécessité de deve- « nir saintes. Les sauvages sédentaires « ont toute la ferveur des premiers chré- « tiens de l'Église. Il ne se peut voir des « âmes plus pures ni plus zélées pour « observer la loi de Dieu. Je les admire, « quand je les vois soumis comme des « enfants à ceux qui les instruisent. Nous « habitons un quartier où les Montagnais, « les Algonquins et ceux du Saguenay

« vont s'arrêter, parce que tous veulent
« croire et obéir à Dieu : n'est-ce pas de
« quoi mourir de joie (1)? » Et pour travailler plus efficacement à leur salut, quels
travaux n'a-t-elle pas entrepris pour apprendre leur langue? Quels obstacles ne
dut-elle pas surmonter pour fonder ce
monastère qui l'a rendue, par la sainteté
de sa vie et par la pratique des vertus les
plus héroïques, mère d'une grande postérité de saintes religieuses, vouées comme
elle au service du céleste Époux? Elle
n'épargnait ni peines, ni travaux; elle
prodiguait sa santé pour faire connaître
son aimable Jésus aux filles françaises et
à ces pauvres sauvages du Canada; son
âme était dominée par cet amour de la
gloire de Dieu et du salut des âmes.

Voulez-vous connaître comment elle
prêche l'amour de Jésus dans son monastère de Québec? Elle était toute céleste la
ferveur des religieuses qui l'habitaient.
Sous la conduite de leur première supé-

____
(1) Lettres de la Vén. Marie de l'Incarnation.

rieure, ayant pour conducteurs spirituels
« des saints qui retraçaient sur la terre
« la vie des Apôtres, » ces saintes filles
rappelaient aux premiers habitants du
pays les vertus des solitaires de la Thé-
baïde. Ah! je puis bien dire de Marie de
l'Incarnation ce que le grand Bossuet dit
de saint Bernard : elle avait avec elle
vingt-deux anges, femmes célestes, qui
servaient Dieu avec elle à Québec, si re-
cueillies, si mortifiées, que lorsqu'on en-
trait dans ce monastère, voyant cet ordre,
ce silence, cette retenue, on n'était pas
moins saisi de respect que si on eût ap-
proché de nos redoutables autels (1).

Le Canada offrait alors un spectacle
digne de Dieu, des anges et des hommes;
c'était par excellence l'époque des saints
et des martyrs. Les missionnaires donnent
leur vie pour la confession du nom de
Jésus-Christ; la terre du Canada est rou-
gie et fécondée du sang des Brébœuf, des
Lallemant, des Garnier, des Daniel, saints

(1) Bossuet, *Panégyrique de saint Bernard.*

martyrs qui, comme de riches anneaux,
unissent la patrie du Ciel à la patrie de la
terre. Quelle reconnaissance ne devons-
nous pas aux fondateurs de cette Église
du Canada, aux apôtres et aux martyrs
du pays des Hurons, au premier pasteur
de notre pays, le saint évêque de Laval,
aux saintes communautés des Ursulines
et de l'Hôtel-Dieu, à tant de saints prêtres,
et à tant de laïques embrasés d'amour et
de zèle pour la gloire de Dieu! Ils ont
sanctifié notre pays par leurs travaux et
par leurs vertus; et maintenant dans le
Ciel, ils sont nos puissants interces-
seurs.

Ne vous semble-t-il pas, mes Sœurs,
qu'il ne restait plus rien à désirer à la
Vénérable Mère Marie de l'Incarnation, et
que ses jours devaient couler dans la joie
et dans la possession du bonheur? Les
desseins de Dieu sur une âme sont bien
différents de ceux du monde. Dieu éprouve
ceux qu'il aime; aussi les croix, les hu-
miliations, les mépris ne manquèrent pas

à la première supérieure des Ursulines. Elle est apôtre, il faut qu'elle soit persécutée comme les Apôtres de Jésus-Christ, et qu'à l'exemple de saint Paul, elle puisse s'estimer heureuse d'endurer tout pour les élus (1); à l'exemple du Sauveur, elle s'est faite victime pour le salut des âmes et la gloire de l'Église, il faut que son sacrifice ne soit jamais interrompu, qu'il dure autant que sa vie, et que chaque jour il soit uni au sacrifice de son Sauveur. Tout semblait conspirer contre Marie de l'Incarnation : elle devint suspecte à la communauté de Tours, au sujet de la réunion des deux Congrégations de son ordre; Mme de la Peltrie quitta le monastère des Ursulines pour se fixer à Montréal; la conduite toute mondaine de son fils accablait son âme de douleur; le feu réduisit en cendres son monastère (2); elle fut témoin de la ruine de l'Église des Hurons; elle vit la dispersion de ce peuple

(1) II. Tim. 2.
(2) Premier incendie du monastère, le 30 déc. 1650.

infortuné et la dévastation de leur pays; elle perdit la paix de son âme, et parfois elle tombait dans des tentations de désespoir qui lui causaient les peines les plus amères; « elle passait d'un abîme de lu-
« mière et d'amour dans un abîme de
« ténèbres douloureuses; du séjour de la
« gloire, elle se sentait précipitée et plon-
« gée dans un enfer où régnaient des
« tristesses mortelles (1). » Mais si les tentations furent terribles, sa fidélité fut toujours admirable et constante. Toujours soumise à la volonté de Dieu, résignée sous le fardeau de sa croix, comme Job, « elle ne déplut pas à Dieu dans les acca-
« blements de son âme (2). » Confiante en Dieu seul, elle relève les ruines de son monastère, et si promptement, malgré la modicité des ressources, que tout le pays était dans la joie et l'admiration, et disait que Dieu y travaillait lui-même.

(1) Lettre de Marie de l'Incarnation.
(2) *Job.* 2.

Quand Dieu voit une âme si humiliée en sa présence, il se laisse toucher de compassion, il lui rend le calme, il la délivre de ses agonies mortelles : cette âme ne semble plus vivre que de la vie divine. C'est de cette manière que saint Paul nous assure que « les bienheureux dans « le Ciel sont transformés en Dieu, par « la violence de l'amour divin dont ils « sont embrasés (1). » Mais pourquoi Dieu permet-il qu'elle soit comme accablée par toutes ses croix qui viennent du dedans et du dehors? Elle le dit elle-même dans ses lettres : « Afin que ce que « dit saint Paul soit entièrement accom- « pli, il les a rendus conformes à l'image « de son Fils. » Ainsi, par la ferveur de sa pénitence, par ses mortifications, par l'immolation d'elle-même qu'elle offrait chaque jour à Jésus crucifié, pour le salut des sauvages, elle s'efforçait d'accomplir, à l'exemple de saint Paul, dans sa

(1) II. Cor. 2.

chair, ce qui manquait aux souffrances de Jésus-Christ (1).

Exercée dès son enfance aux austérités excessives, aux jeûnes prolongés, elle se déchirait impitoyablement par des disciplines armées de pointes. Elle portait un cilice qu'elle n'ôtait pas même pour se reposer, et longtemps, dans ses repas, elle mêlait de l'absinthe dans tout ce qu'elle mangeait. Elle se dévoua à la justice divine pour obtenir la parfaite conversion de son fils; et, nouvelle Monique, elle fit un accord avec Dieu pour porter la peine due à ses péchés. « Et celles qui l'enseveli-
« rent furent étrangement surprises de lui
« trouver tout le corps ulcéré et écorché
« jusqu'aux os (2). » Mais n'est-ce pas une témérité que d'agir ainsi? N'est-ce pas sortir des conditions de notre exis-tence, heurter et froisser violemment la vie? Devons-nous louer et admirer cette

(1) Coloss. 1, 24.
(2) La vie de la Mère Marie de l'Incarnation, par Charlevoix, page 386.

impitoyable pénitente? Ne faut-il pas au contraire la blâmer? Marie de l'Incarnation ne marchait pas sans guide dans cette voie des austérités; la voix de Dieu lui disait d'avancer, et l'inspiration divine était si forte, qu'elle ne pouvait s'y opposer. Dans la sainte communion, elle puisait la force pour ses combats de chaque jour. « Mon corps, brisé par les péni-
« tences et épuisé par les fatigues que je
« prenais pour le service du prochain,
« rétablissait ses forces en mangeant ce
« pain divin. Quand tout le monde lui
« dirait le contraire ; elle mourrait pour
« la confession de cette vérité (1). » Dieu, par une direction toute spéciale, appelle certaines âmes à ces combats à outrance; c'est leur don et leur vocation. « Dieu le
« veut. Non, certes, qu'il veuille qu'on
« aggrave indiscrètement le poids des
« infirmités humaines, qu'on épuise la
« vie, le plus noble des biens, et qui nous
« vaut l'éternité, qu'on l'irrite jusqu'à

(1) Lettre de la Mère Marie de l'Incarnation.

« l'extinction, quand elle doit s'écouler
« paisiblement; il ne l'a jamais voulu,
« même dans les plus austères asiles de
« la pénitence. Mais ce qu'il veut, c'est
« qu'il y ait des témoignages vivants du
« grand sacrifice qui est le premier et le
« principal fondement du Christianisme;
« des coopérateurs qui s'associent dans
« tous les temps à l'immolation sans fin
« de l'Agneau rédempteur; des imitateurs
« de la vie souffrante du Christ, qui le
« réjouissent, sinon par leur sang et leurs
« larmes, du moins par la résignation,
« la patience, le dévouement, par l'a-
« mour, qui ne se conçoit pas sans le
« sacrifice. Ce sont là ses fils bien-aimés,
« il les a glorifiés et il les glorifiera en-
« core. Le monde les croit disgraciés; il
« voit leur croix et ne voit pas la main
« de Dieu qui la soulève, l'onction de la
« grâce qui la rend douce et légère. Il
« passe en hochant la tête et disant : Si
« ce sont là les enfants de Dieu, qu'ils
« descendent de leur croix! et il n'entend

2*

« pas le mot qui compense immensément
« ce je ne sais quoi de momentané
« et de léger qui a nom tribulation :
« Aujourd'hui, tu seras avec moi en pa-
« radis (1). » Heureuse l'âme qui vit dans
une union intime avec l'Agneau de Dieu,
immolé pour les péchés du monde! Plus
elle souffre, plus elle est unie à son Dieu;
dès cette vie même, elle goûte une paix
d'autant plus sensible qu'elle accepte plus
volontairement les peines et les croix.
Dieu l'anime d'une patience inaltérable
dans les adversités et dans les maladies;
il la remplit de charité pour ses frères, et
d'un amour toujours plus grand pour
l'Église de Jésus-Christ.

Faut-il s'étonner si sa mort est sainte
et précieuse devant Dieu (2)? Non, pour
cette humble servante de Jésus-Christ, ce
n'est pas une mort, c'est une naissance
nouvelle à une vie heureuse, c'est le com-
mencement d'une vie de gloire et d'im-

(1) Luc, 23.
(2) Ps. 115.

mortalité. Depuis longtemps elle se plaignait de la longueur de son exil (1), et désirait être délivrée de la prison de son corps (2); mais lorsque, dans sa dernière maladie, son confesseur lui dit de joindre ses prières à celles de ses sœurs éplorées pour obtenir du Ciel la conservation de ses jours, cette vénérable Mère, toujours soumise à ses supérieurs, adressa à Dieu cette prière : « Mon Seigneur et mon Dieu, si « vous jugez que je sois encore utile à « cette petite communauté, je ne refuse « pas la peine, que votre volonté soit « faite. » Dieu se laissa toucher: elle se rétablit, et la joie fut grande dans la communauté et dans tout le pays; mais cette joie fut de courte durée. Sur son lit de douleur, les yeux fixés sur Jésus crucifié, cachée dans les plaies sanglantes dues à son immense miséricorde, elle se réjouissait de se voir crucifiée avec lui, et elle répé-

(1) Ps. 119.

(2) Rom. 7.

tait sans cesse les paroles de l'apôtre :
« *Christo confixa sum cruci* (1). »

La violence du mal ne put éteindre la charité qui consumait son âme; son ardeur apostolique sembla se réveiller plus vive que jamais, et dans son zèle pour la conversion des infidèles, elle disait à Dieu : « Mon Dieu, donnez-moi pour purgatoire « d'aller après ma mort exciter toutes les « nations barbares à embrasser la foi, et « d'y accompagner les missionnaires, « pour les engager à n'épargner ni leurs « peines ni leur vie pour faire entrer tous « les peuples dans l'Église. » Aux religieuses qui l'entourent et qui la supplient de leur faire part de ses mérites : « Tout « est pour les sauvages, mes sœurs, je n'ai « plus rien à moi. »

Après avoir, pendant toute sa vie, travaillé à la gloire de Dieu et de son Église, gouverné le monastère pendant dix-huit années, consumé sa vie à la conversion des sauvages et à la sanctification des

(1) Galat. 2, 19.

âmes, adressé à l'Époux de son âme les élans de l'amour le plus pur ; après avoir été poursuivie par mille tentations intérieures, accablée par les peines et les croix de toutes sortes, elle bénit ses sœurs prosternées autour de son lit, et passa, nous le croyons tous, de cette vie mortelle à la gloire du paradis, le 30 avril 1672.

La ville de Québec était plongée dans le deuil, et tout le Canada pleurait la mort de la sainte, tandis que les Anges de Dieu étaient dans la joie, et que le Ciel retentissait de leurs chants d'allégresse, à l'entrée de sa belle âme dans le Royaume de Dieu. Les sauvages inconsolables disaient aux religieuses avec l'accent de la douleur : « Notre Mère est morte, notre Mère est « morte. » Tous réclamaient quelques objets qui auraient été à son usage pour les garder comme reliques. La voix publique l'appelait sainte et la canonisait.

Dieu n'oublie pas ses saints ; plus ils ont été humbles pendant leur vie, plus il prend soin de les glorifier après leur mort.

L'humilité sincère mérite cet honneur et cette gloire, *et exaltavit humiles*. Il ne veut pas que leurs noms soient oubliés sur la terre; leur mémoire sera toujours vivante (1). Comme celui de l'incomparable Judith, le nom de Marie de l'Incarnation sera célèbre, et compté parmi les Saints et les Justes (2).

C'est ainsi que, depuis sa mort, cette femme extraordinaire, grande par les plus nobles qualités du cœur et de l'esprit, plus grande encore par son humilité et par les lumières surnaturelles que Dieu lui communiquait, a été honorée par les petits et les grands du monde, par les évêques et par les saints. Quelle idée en conçut le R. P. Jérôme Lallemant, qui avait presque toujours été, en Canada, le directeur de sa conscience? « Sa mémoire sera « à jamais en vénération dans ces con- « trées, et pour mon particulier, j'ai « beaucoup de confiance en ses prières,

(1) Ps. 111.
(2) *Judith.* 10.

« et j'espère qu'elle m'aidera mieux à bien
« mourir que je n'ai fait à son égard. »
Le grand Bossuet la compare à sainte
Thérèse, que l'Église met presque au rang
des docteurs en célébrant la sublimité de
sa céleste doctrine (1). Le supérieur du
Séminaire de Saint - Sulpice à Paris,
M. Émery, l'appelle une sainte qu'il
vénère bien sincèrement et qu'il met dans
son estime à côté de sainte Thérèse. Et
l'historien de sa vie, le R. P. de Charlevoix, nous la représente comme une femme
forte et telle que le plus sage des rois
semblait désespérer d'en trouver jamais.
Mais le plus grand témoignage rendu à
sa sainteté et à sa vie apostolique est celui
du premier évêque de Québec, Monsei-
gneur de Laval, le membre le plus illustre
du Séminaire des Missions - Étrangères.
« Le témoignage que nous pouvons en
« rendre est qu'elle était ornée de toutes
« les vertus dans un degré très-éminent,
« surtout d'un don d'oraison si élevé, et

(1) Bossuet, *Théologie ascétique,* tome IV.

« d'une union avec Dieu si parfaite,
« qu'elle conservait sa présence au milieu
« de l'embarras des affaires les plus dif-
« ficiles et les plus distrayantes, comme
« parmi les autres occupations où sa vo-
« cation l'engageait. Parfaitement morte
« à elle-même, Jésus seul vivait et agis-
« sait en elle, Dieu l'ayant choisie pour
« l'établissement de l'ordre de Sainte-
« Ursule en Canada, il l'a douée de la
« plénitude de l'esprit de ce saint Institut.
« C'était une supérieure parfaite, une
« excellente maîtresse des novices et elle
« était très-capable de remplir tous les
« emplois d'une communauté religieuse.
« Son zèle pour le salut des âmes et par-
« ticulièrement pour celui des sauvages
« était si ardent, qu'il semblait qu'elle
« les portât tous dans son cœur. Nous
« ne doutons pas que ses prières n'aient
« obtenu en grande partie les faveurs
« dont jouit maintenant l'Église naissante
« du Canada. »
Telle fut cette femme que tous ont

placée au premier rang des plus illustres (1); elle fut l'honneur et la gloire du Canada (2), et dota notre pays d'un monastère d'Ursulines, où la prière, les méditations prolongées, l'étude de la perfection, le mépris de soi-même, la réforme courageuse des penchants de la nature, l'union intime avec Dieu, l'éducation de la jeunesse, remplissent les heures de retraite et de silence. Rendons grâces à la bonté infinie de Notre-Seigneur Jésus-Christ, qui a voulu « que la prière existât « dans notre pays, à l'état d'institution, « de force permanente, publique, uni- « versellement reconnue, bénie de Dieu « et des hommes (3). »

Soyez bénie de Dieu, sainte Compagnie d'Ursulines, héritière des vertus de la Vénérable Marie de l'Incarnation. Soyez toujours, comme votre Mère, les imitatrices de Jésus-Christ; par là vous enri-

(1) *Judith.* 8, 8.
(2) *Judith.* C. 5.
(3) *Les Moines d'Occident,* Introduction. Ch. IV.

chirez sa couronne de gloire. « Que vous
« demande-t-il, si ce n'est que vous
« craigniez le Seigneur votre Dieu et que
« vous marchiez dans toutes ses voies (1)?»
Le Ciel et le Ciel du Ciel, c'est-à-dire le
Ciel le plus haut, où sa gloire se mani-
feste, « appartient au Seigneur votre
« Dieu, avec la terre et tout ce qu'elle
« contient, et toutefois le Seigneur s'est
« attaché à vos pères, il les a aimés, il
« en a choisi la race (2). » O vous qui
avez le bonheur et la gloire d'être consacrées à Dieu, saintes épouses de Jésus-
Christ, priez sans relâche devant le Seigneur, priez, à l'exemple de Marie de
l'Incarnation, pour l'Église de Jésus-
Christ; priez pour notre pays, afin qu'il
soit toujours fidèle à Dieu, fidèle à sa
mission; priez afin que tous ses enfants
« marchent dans les sentiers de leurs
« pères, marchent dans les anciennes

(1) Deut. X, 12.
(2) Deut. X, 14, 15.

« mœurs, comme ils veulent marcher
« dans l'ancienne foi (1). »

Toute votre vie tend au pur et parfait
amour de Dieu. Vous marchez sur les
vestiges des saintes qui vous ont de-
vancées , et vous habitez les cellules
qu'elles ont sanctifiées par leurs vertus;
que l'amour de Dieu embrase vos âmes,
« et que toutes les eaux de l'Océan ne
« puissent jamais éteindre la charité qui
« les consume (2). » Étudiez donc avec
plus d'application que jamais les traits de
celle qui vous a donné une si heureuse
naissance. Vous êtes filles de sainte Ursule
et de sainte Angèle, épouses de Jésus-
Christ, comme votre vénérable Mère
Marie de l'Incarnation; conservez l'esprit
de votre Fondatrice, son esprit d'humilité, d'obéissance, de mépris du monde :
comme elle, participez au sacrifice de
Jésus. Vous êtes sa famille, sa postérité;
soyez, comme elle, remplies d'un zèle

(1) *Unité de l'Église*, Bossuet.
(2) Sag. 4, 1.

tout apostolique, et formez à la
par votre sainteté et les plus beaux
ples de vertu, les enfants qui vou
confiées. C'est par là que vous do
une haute et juste idée du mér
l'excellence et de la sainteté de
Mère, la vénérable Marie de l'Incar
première supérieure de ce monast
l'on pourra dire de vous avec justic
tous les siècles : « Qu'elle est exc
« en beauté, cette sainte Compagi
« qu'elle sera éclatante dans le ciel
Ainsi soit-il.

(1) Cant. 8, 7.

FIN.

Tours, imprimerie de J. Bouserez.

www.ingramcontent.com/pod-product-compliance
Lightning Source LLC
Chambersburg PA
CBHW051233030726
47595CB00003B/878